JUAN TEMEROSO

Y SU
PRIMER DIA DE CLASES

Escrito por el Dr. Mac y la Dra. Anaida

Ilustrado por Marco

Información de impresión disponible en la última página.

Rev. Fecha: 05/31/2018

Para solicitar copias adicionales de
este libro, comuníquese con:
Xlibris
1-888-795-4274
www.Xlibris.com
Orders@Xlibris.com

Introducción para maestros y padres de familia:

La imaginación de los niños es maravillosa, pero a veces la imaginación se liga con los miedos y crea temor. Los maestros y padres de familia pueden ayudar a los niños a disminuir sus miedos usando cuentos como éste para consolarlos y ayudarlos a confrontar al miedo.

En este cuento de la serie sobre miedos que confronta Juan Temeroso, vemos que anticipa su primer día de clases con temores que resultan en una pesadilla. Al fin y al cabo, se da cuenta que no hay nada que temer al encontrarse con personas amables y sus amigos de la preescolar.

Este libro tiene dos niveles de lectura. Observe que la sección superior está a un nivel de lectura más avanzado para el lector leer en voz alta, y una más sencilla en la parte inferior para los niños que están aprendiendo a leer. Los niños pueden seguir en la sección más sencilla, que eventualmente pueden leer en conjunto con el lector, o por su cuenta, cuando se familiaricen con el cuento.

Unas sugerencia para animar a los niños durante el cuento es preguntarles qué piensan que le pasará a Juan cuando llegue a la escuela. Otra es simplemente pedirles que describan los dibujos. También se les puede preguntar sobre lo qué está sucediendo en el cuento, qué piensan de él, o cómo ellos se sienten acerca de cosas que les dan temor. Esto debe comenzar una buena conversación que pueda ayudarlos a confrontar algún temor parecido que puedan tener.

Esta versión del libro viene en español con algunos elementos en inglés, y tenemos otra versión en inglés con algunos elementos en español. Pensamos que esto atraerá el interés de los niños bilingües al igual que monolingües. Disfruten de los libros de nuestro amigo, Juan Temeroso.

Juan Temeroso tiene cinco años y le tiene miedo a muchas cosas. "I am scared", dice Juan a cada momento. En la noche, su mamá tiene que revisar debajo de su cama y dentro de su ropero para asegurarse de que no está escondido ningún duendecillo o algún monstruo espantoso con colmillos grandes.

- ¡Qué miedo tengo!

Juan Temeroso le tiene miedo a muchas cosas.

La mañana siguiente será el primer día de clases en la escuela nueva de Juan. Él va a entrar al kínder. Está emocionado, pero al mismo tiempo tiene miedo. Su mamá trata de animarlo a sentirse mejor, y le explica,

- ¡Eres un muchacho grande!

"Yes, you are such a big boy!"

Él es un muchacho grande. Pero tiene miedo de ir mañana a su escuela nueva.

Ese mismo día Juan y su mamá fueron a la tienda a comprar lo que necesitaba para la escuela. Su mamá le compró zapatos nuevos, pantalones, una camisa, una lonchera para su almuerzo, y una mochila roja con un dibujo de un carrito. "Wow, thanks mom!" Le dio un abrazo. Pero Juan no podía dejar de sentir miedo.

Su mamá le compró cosas nuevas para la escuela. Pero, Juan todavía tiene miedo.

El año pasado Juan había ido al preescolar del centro donde cuidan a los niños de su barrio. Pero ahora tenía que ir a una escuela primaria para entrar al kínder. Tendría una maestra nueva y compañeros diferentes. Juan extrañaba su última preescolar y maestra, pero especialmente extrañaba a sus amiguitos. "I miss my friends."

-¡Mis amigos!

Juan extraña a sus amiguitos. Extraña su preescolar. Tiene mucho miedo de ir a la escuela nueva y de personas diferentes.

Juan trató de olvidarse de que iba a la escuela nueva en la mañana. Quería pasarlo bien y decidió jugar toda la tarde con sus juguetes. A él le encantaba jugar con sus carros y camiones que tenía en todos los colores y tamaños. Tenía muchos carritos- rojos y amarillos, grandes y chiquitos, y dijo sonriendo, "I love my toys!"

- ¡Mis juguetes!

Juan jugó mucho con sus carros y camiones de juguete. Se olvidó de la escuela nueva.

Después de cenar, se bañó y se preparó para irse a la cama. Se metió entre las cobijas, y su gato Miko brincó también a la cama con él. Su mamá revisó el cuarto para asegurarse de que no hubiera monstruos. Le leyó un cuento y le dio su beso de las buenas noches. Muy pronto después de eso, Juan se pudo quedar dormido, "Good night!".

- ¡Buenas noches!

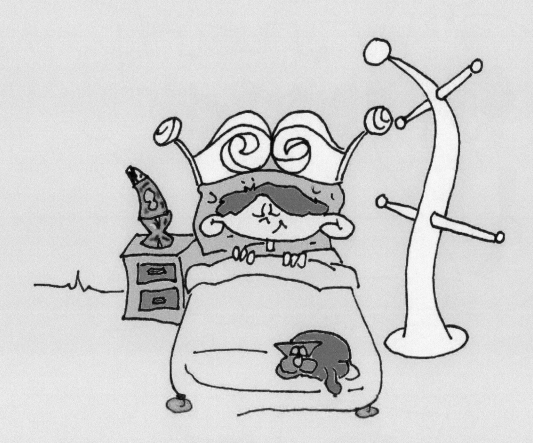

Juan se bañó y se acostó a dormir.

Esa noche Juan Temeroso tuvo una pesadilla sobre su primer día de clases. Él se vio caminando solito hacia la escuela, que parecía un castillo grande, feo y oscuro. La directora salió de repente cuando Juan estaba cerca de la escuela. Era una mujer gigantesca, con una regla enorme. Él se puso a temblar, "I am so scared!"

- ¡Tengo miedo!

Juan Temeroso soñó una pesadilla. La escuela era un castillo grande. La directora era una gigante. ¡Juan sentía mucho miedo!

En el sueño, cuando Juan entró al salón de clases vio a la maestra. Parecía muy enojada y gritaba mucho. El salón estaba pintado con colores muy raros y tenía mesas y sillas gigantes. Los otros niños eran muy altos, y a Juan le daba miedo verlos. Todos los niños se le quedaban mirando a Juan cuando él entró al salón. " I'm scared!"

- ¡Tengo miedo!

En el sueño la maestra gritaba. Los niños miraban mucho a Juan. ¡Esto le daba miedo!

Cuando la mamá de Juan lo despertó, él estaba sudando.

-¡Mamá, mamá no quiero ir a la escuela! ¡Por favor no me hagas ir! ¡Tengo mucho miedo! - Juan le lloró a su mamá,

"I don't want to go to school!".

Ella lo calmó y le dijo que no tenía nada de que preocuparse, que todo estaría bien. Juan le contó a su mamá sobre el sueño tan miedoso que tuvo. Su mamá le explicó que solamente había sido una pesadilla de las que tenemos cuando sentimos miedo de algo. "Don't be afraid, it was only a bad dream."

- ¡Ay, qué bueno! - exclamó Juan, y respiró intensamente.

Su mamá le dijo que no tuviera miedo.
-Solo fue una pesadilla.

Juan se sintió mejor. Se 1avó la cara y las manos, se puso su ropa nueva, y se fue a la cocina a tomar su desayuno. Su mamá le tenía listo su desayuno favorito. Era un pan con queso crema, plátanos maduros, y un vaso de leche. Juan tenía mucha hambre, pero no comió nada bien. -¿Por qué no te comiste todo desayuno? -preguntó mama.

"I'm not hungry," dijo Juan.

- ¡Tengo dolor de estómago!

Juan Temeroso tenía mucho miedo.

A Juan le gustó el desayuno, pero no comió muy bien. Juan Temeroso tenía miedo.

La mamá de Juan se dio cuenta que estaba nervioso, le dio un fuerte abrazo y le dijo que iba a tener un día muy bonito. Pero Juan no estaba muy convencido de eso.

Su mamá le dio un fuerte abrazo, pero todavía Juan tenía miedo.

Las clases comenzaban a las ocho de la mañana, así que Juan y su mamá salieron de la casa temprano. Les tomó solamente diez minutos para llegar a la escuela nueva, pero a Juan se le hizo un camino muy largo. "So far away!"

– ¡Qué lejos!

Juan y su mamá caminaron a la escuela nueva. Parecía un camino muy largo.

Cuando finalmente llegaron a la escuela. Juan se sorprendió mucho. La escuela no era oscura y alta como un castillo. No le daba miedo. Era un edificio pequeño de color amarillo y verde brillante. "What a pretty school!"

- ¡Qué bonita es la escuelita!

Juan y su mamá llegaron a la escuela bonita. ¡La escuela no le daba miedo!

Pero, cuando la mamá de Juan abrió la puerta de la escuela, el corazón de Juan comenzó a golpear tan rápidamente que parecía que se le iba a salir del pecho. Los labios le temblaban y comenzó a sudar. Se sentía como si tuviera mariposas en el estómago. "I am so scared!"

¡Juan tenía mucho, mucho miedo!

La mamá de Juan abrió la puerta de la escuela. Juan tenía mucho miedo. - ¡Tengo miedo!

Caminando hacia el salón de clases, Juan y su mamá se encontraron con una señora bajita, muy amable, y con una sonrisa agradable.

-Hola yo soy la Señora Cariño, directora de la escuela.

¿Quién eres tú?-

Juan estaba asombrado cuando la vio. No se parecía nada a la mujer gigante y enojada de sus sueños. Le contestó,

-Soy Juan y voy al kínder.

-¡Qué bueno! - exclamó la directora, y siguió su camino.

¡La Señora Cariño no le dio miedo a Juan!

Juan conoció a la directora. ¡No le dio miedo!

Juan se paró frente a la puerta de su salón de clases imaginándose qué habría al otro lado. La puerta tenía un letrero que la mamá de Juan leyó y decía, "Welcome to Room 4".

-Bienvenidos al salón número 4.

Mientras su mamá abría la puerta, Juan sintió ganas de echarse a correr, pero cuando ya estaba abierta se sorprendió muchísimo por lo que vio.

Juan fue a su salón de clase. Se sorprendió mucho por lo que vio.

El salón de clase era muy bonito, con mucha luz y cuadros en las paredes. También había una caja con carritos y camiones de juguete para jugar a la hora del recreo. Todas las mesas y sillas eran pequeñas como para niños del tamaño de Juan. ¡Él estaba muy sorprendido!

Juan vio su salón de clases. ¡Había carritos y camiones de juguete! Juan estaba muy sorprendido. ¡No le dio miedo!

En un rincón de salón estaba un señor jugando con un camión rojo como el de Juan. El señor usaba una corbata grande y muy chistosa que le dio rizas a Juan. Se sonrió cuando vio a Juan, se paró, le dio la mano y le dijo,

-Hola, tú debes ser Juan. Soy Señor Miguel Gómez, tu maestro bilingüe.

Juan se sorprendió. -¿Cómo conoce mi nombre?-preguntó.

-Yo sé el nombre de todos mis estudiantes. -Dijo el maestro Gómez.

-Caramba- pensó Juan - ¡Me gusta mi maestro nuevo!

Juan vio su maestro.
-Caramba, ¡Me gusta mi maestro!

Juan miró a su alrededor y vio algunas caritas sonrientes.

¡Eran las caras de Conchita, Leticia y sus otros amigos del centro de cuidado de niños! Ellos también habían pasado al kínder. y estaban en la clase de Juan. ¡Ahora él se puso muy contento!

"I'm so happy now!"

- ¡Estoy feliz!

Juan vio sus amigos. También ellos estaban en el kínder. ¡Él se puso muy contento!

Juan había tenido mucho miedo porque algunas veces sentimos temor por experiencias nuevas. Esto le hacía tener pesadillas.

Pero ahora ya estaba muy contento. Juan pensó que iba a ser muy divertido estar en el kínder con su maestro y sus amigos.

"I am not afraid of school anymore!"

- ¡Ya no tengo miedo de ir a la escuela!

Juan estaba contento. ¡Ya no le tenía miedo a la escuela!

Cada día Juan aprendía algo nuevo. Él estaba muy contento en su escuela. Un día hermoso Juan practicaba su abecedario cuando el maestro Gómez dijo, -¡Niños, quiero presentarles a Karisa, una estudiante que se matriculó hoy en nuestra clase!

Juan se recordó cuanto miedo sentía su primer día de clases. Así que se acercó a Karisa y le habló,

-¡Hola! Me llamo Juan! ¿Quieres jugar conmigo y mis amigos?

Ella le dio una sonrisa muy bonita y dijo que sí.

Juan aprendió una gran lección, y es que algunas veces nos dan miedo las cosas nuevas o experiencias diferentes. Pero estaba contento de saber que las experiencias nuevas pueden ser bonitas, y ¡también pueden ser fantásticas!

"I am very happy and learning lots of new things!"

- ¡Estoy aprendiendo mucho!

Breve Información acerca de los Autores.

El doctor Mac nació en la ciudad de Nueva York, y ahora vive en la ciudad de Orange, California con su esposa. Anaida. Recibió su doctorado en la Universidad de Massachusetts. Trabajó como psicólogo de una escuela en la ciudad de Anaheim.

La doctora Anaida nació en Puerto Rico y vivió en la ciudad de Nueva York. También recibió su doctorado en la Universidad de Massachusetts. Actualmente vive en la ciudad de Orange en California con su esposo Mac y es profesora en la Universidad de Chapman. Ellos tienen dos hijos.

Información acerca del ilustrador.

Marco es diseñador y vive en la ciudad de Hollywood, California. Estudió en California Institute of the Arts. Marco hizo estos dibujos cuando tenía 16 años.

Damos un agradecimiento especial a nuestra hija Karisa, quien nos animó a publicar este libro, y a nuestro sobrino Brandon, quien nos ayudó con el diseño gráfico.

Printed in the United States
By Bookmasters